AF342712

ABBAYE

ET

CHAPITRE DE POUSSAY

PAR

M. Emile GASPARD

MEMBRE DE LA SOCIÉTÉ D'ARCHÉOLOGIE LORRAINE.

NANCY,

IMPRIMERIE DE G. CRÉPIN-LEBLOND, GRANDE-RUE, 14.

1871.

Extrait des Mémoires de la Société d'Archéologie
Lorraine.

ABBAYE

ET

CHAPITRE DE POUSSAY.

Le village de Poussay est situé à deux kilomètres de Mirecourt, sur le versant d'une colline qui fait face à la vallée du Madon. A son sommet, l'on voit encore, à la suite d'une avenue de tilleuls séculaires, quelques maisons à toitures élevées et d'une construction ancienne, qui dominent le village, et que le temps et la Révolution ont épargnées : ce sont les seuls vestiges qui subsistent de l'ancien chapitre noble des dames chanoinesses de Poussay.

L'église et l'hôtel abbatial ont été détruits en 1793, et les bâtiments et dépendances qui s'étendaient autour du cloître ont perdu, depuis, par suite d'une organisation particulière, leur ancienne distribution et leur caractère primitif.

Un profond oubli semble peser sur ces ruines, et, malgré l'intérêt religieux et historique qui s'y rattache, personne n'a songé jusqu'alors à en réveiller le souvenir. Ce fait tient-il à la pauvreté des documents qui seraient de nature à faciliter ce travail, ou bien l'illustre abbaye de Remiremont, sa voisine, a-t-elle absorbé exclusivement à son profit l'attention et le relief que celle de Poussay, à des titres plus modestes, il est vrai, serait en droit de revendiquer à son tour ? Je l'ignore, mais, quoiqu'il en soit, c'est une lacune regrettable. Je n'ai pas la prétention de la combler. En réunissant dans cette notice les renseignements épars qui concernent cette communauté, je n'ai voulu que planter un jalon qui pourrait être de quelque utilité et épargner des recherches, si un jour la découverte de documents inédits devait tenter une plume plus habile et provoquer la monographie complète d'un établissement qui a abrité, pendant près de huit siècles, les noms les plus illustres de la Lorraine, de la France et de l'Allemagne.

I.

Le plus ancien titre concernant l'abbaye de Poussay est une bulle de Léon IX qui en confirme les priviléges[1]. Elle est datée d'octobre 1051 : « De même, y est-il dit, que notre plus vigilante sollicitude doit s'étendre aux monastères dépourvus de biens temporels, de même aussi nous devons consolider et affermir ceux qui sont déjà dotés, surtout depuis que la divine Providence nous a confié le soin des âmes et la conduite des églises dans

---

1. Elle est imprimée dans Dom Calmet, *Histoire de Lorraine,* 1re édit., t. I, pr., col. 432.

lesquelles les pieux cénobites doivent trouver avec les aliments temporels ce qui peut contribuer à une croissante prospérité. Considérant que, peu après avoir été ordonné prêtre à Toul, nous avons, par la grâce divine, été élu évêque de ce diocèse des Leuquois, nos visites pastorales nous firent reconnaitre que notre prédécesseur, le vénérable seigneur Bertholde, avait commencé, aux frais de la prébende pontificale, un monastère dans le village qui porte le nom de Poussay, mais que, prévenu de la mort, il n'avait pu mener à bonne fin cette œuvre de piété ; désireux alors de réaliser sa louable intention et d'obtenir une petite part de la récompense due à sa sainte entreprise, nous, avec l'aide de Jésus-Christ, achevâmes l'édifice dans toutes ses parties ; nous y plaçâmes de saintes religieuses pour y célébrer les louanges du Seigneur et consacrâmes le nouveau monastère sous l'invocation de la glorieuse vierge Marie, mère de Dieu, comme aussi sous l'invocation de la bienheureuse sainte Menne, vierge ineffable, dont le corps repose dans l'église. »

On voit, par le texte de cette bulle, dont l'original avait été précieusement conservé dans le trésor du chapitre, jusqu'à la fin du siècle dernier, que Bertholde, évêque de Toul, eut la première pensée de cette fondation. Il fut sacré évêque le 11 octobre 996 et mourut dans les premiers jours de septembre 1018 ou 1019. L'abbaye date donc du commencement du xie siècle[1].

---

1. Quelques auteurs attribuent la fondation du monastère de Poussay à Hermann ou Eriman, évêque de Toul, successeur de Bertholde et prédécesseur de Brunon.

Jean Ruyr (*Recherches des sainctes antiquitez de la Vosge*) rapporte le fait d'après Guybert, dans son Histoire de Léon IX, et

Placée au milieu du Saintois, dans un pays riche et fertile, sous la protection des évêques de Toul et des ducs de Lorraine, qui furent, plus tard, ses voués, cette retraite paraissait aussi *sûre* qu'*agréablement* située ; de là, peut-être, l'origine de son nom : *Portus suavis*.

Si le lieu était bien choisi pour un monastère, l'époque à laquelle il fut fondé ne semblait pas non plus devoir être sans influence sur son accroissement et sa prospé-

cite Hermann comme le fondateur du monastère. Le P. Benoit Picart, dans son *Pouillé du diocèse de Toul*, est du même avis.

D. Calmet (*Histoire de Lorraine*, t. I, col. 1048) dit que Brunon acheva l'abbaye de Porsas ou de Poussay, près Mirecourt, commencée par l'évêque Bertholde, un de ses prédécesseurs. — Quelques pages auparavant (col. 1027), il dit que Hermann jeta les premiers fondements de Portsas, puis, dans sa *Notice*, il restitue cet honneur à Bertholde.

Ces contradictions n'ont rien de surprenant dans D. Calmet, dont les ouvrages de longue haleine présentent des erreurs assez fréquentes. Le P. Hugo et Durival prétendent que Bertholde est le premier fondateur du couvent, et ces auteurs paraissent être dans le vrai.

En l'absence des actes primitifs, qui ont disparu, la bulle de Léon IX est un titre suffisant pour établir cette assertion ; quant à l'époque, elle n'est pas précisée. Un des premiers actes de Brunon, comme évêque, fut la translation à Poussay des reliques de sainte Menne, le 15 mai 1026, et non 1016, comme le dit à tort J. Ruyr : le fait est constaté sur une pierre commémorative qui se trouve actuellement dans une chapelle érigée entre Poussay et Puzieux, en l'honneur de sainte Menne. Sur cette pierre, dont les extrémités sont frustes et arrondies, est écrit en caractères romains : « ...... Levé le corps de « saincte Menne par sainct Léon, Pape et Evesque de Toul et em- « moiné a Poursas l'an mil et XXVI le XV jour du mois de mai. »

Mais le monastère ne fut sans doute constitué que plus tard. Deux tableaux, encore existant aujourd'hui, l'un placé dans l'église de Poussay, l'autre à l'école des sœurs, qui fut fondée par les dames chanoinesses, représentent la première abbesse, Berenna, recevant de sainte Menne la consécration allégorique de l'église. Tous deux mentionnent la date de 1043 comme étant celle des statuts ; quant à la consécration, elle se fit en 1049, comme le rapportent tous les rité. La Lorraine subissait alors le contre-coup du mouvement religieux qui s'était partout manifesté au commencement du xie siècle. Les désordres qui avaient agité ce pays, les invasions, dont le choc s'y était fait si douloureusement sentir, l'avaient épuisé, et, par suite, entraîné à une réaction religieuse que l'Eglise avait su habilement diriger. Aux terreurs superstitieuses de l'an 1000 venait de succéder une ère nouvelle, l'affaissement général avait fait place à la confiance et à la foi ; le souvenir des guerres civiles, les excès de la féodalité, le réveil des idées religieuses, qui se traduisait par l'érection de basiliques et de nombreux monastères, tout conviait les esprits sérieux et réfléchis à chercher dans la solitude un abri où ils pussent conserver dans leur intégrité les traditions religieuses et le culte de la pensée.

Brunon suivit l'exemple des hommes illustres qui avaient suscité ce mouvement en Lorraine, et, comme saint Gauzelin à Bouxières, et, plus récemment, saint Goëric à Epinal, après avoir achevé le monastère de Port-Sas, il choisit dans le pays des jeunes filles nobles qu'il constitua en communauté et à la tête desquelles il plaça Berenna comme abbesse ; aussi peut-on dire que Bertholde jeta les premiers fondements du monastère, mais que l'honneur de cette fondation revient principalement à Brunon, qui, soit comme évêque, soit plus tard

auteurs. Eut-elle lieu lors du voyage de Léon IX dans les Gaules, et la bulle qui l'a suivie (1051) n'est-elle que la confirmation de cet acte, à son retour à Rome ? On ne peut point préciser ce fait ; mais, ce qui paraît probable, c'est que Poussay, commencé tout à fait dans les premières années du xie siècle, peut-être à la fin du xe, comme le prétendaient les chanoinesses, fut constitué en monastère vers 1026 ; que ses règlements furent mis en vigueur en 1043, et que l'année 1049 est la date de sa consécration comme monastère.

comme pape, lui continua sa protection et usa de son
influence pour en favoriser le développement.

« L'archidiacre Guybert, dit D. Ruyr en l'histoire
qu'il a faite des gestes du pape saint Léon IX, paravant
nommé Bruno, qui fut autreffois grand prévost de l'église
de sainct Dieudonné et depuis évesque de Toul, escrit
au chapitre 8 qu'Hermann jetta les premiers fondements
de l'église et monastre de Port-Suave appellé par les
originaires Port-Sas, mais qu'estant prévenu de mort de
dans l'année 1026, il n'en fict autre.

» Or, sainct Léon qui depuis son establissement à
l'évesché de Toul n'omettoit rien de tout ce qu'il jugeoit
devoir profiter à l'Eglise chrestienne ayant considéré les
pieux desseins de son prédécesseur Hermann, notam-
ment à Port-Sas, situé peu plus bas que la ville de Mirecourt, sur la rivière du Madon, il édifia le monastère
de ce lieu jusques au comble nécessaire et convenable et
l'ayant finalement doté de revenus, y establit des vierges
nobles ainsi qu'autresfois saint Romaric avoit faict au
sainct Mont, sainct Goëric à Espinal et sainct Gauzelin
à Boussières, et de suitte après avoir relevé le corps de
sainct Gérard, évesque de Toul, voulut pour illustrer ce
nouveau collége y transférer aussy les précieuses reliques de saincte Mane, laquelle depuis a esté retenue par
les dames pour patrone de leur insigne et pieuse profession, et fut cette translation célébrée au 15 de may en
l'an de notre salut 1016. Berenna dame de trés insigne
famille fut la premiére abbesse instituée, laquelle se
comporta si vertueusement que la dévotion et ferveur
au service divin princt accroissement à l'édification des
peuples. »

Brunon, comme le rapporte Guibert, ne perdit pas de

vue cet établissement, et il se souvint, sur le trône pontifical, où il monta en 1048, de l'église de Toul et de son ancien diocèse. Dans un voyage qu'il fit dans les Gaules, il eut l'occasion de visiter les monastères que lui ou ses prédécesseurs avaient fondés, et, sur la demande de Berenna, première abbesse de Poussay, il consolida, comme pape, au profit de sa communauté, les priviléges dont il l'avait dotée comme évêque. La bulle que j'ai citée plus haut consacre la concession de différents biens, parmi lesquels vingt-deux manses et demie ou ménages à Poussay avec les ban et district et tout ce qu'y possédait l'évêque en forêts et prés, en fontaines et ruisseaux, en terres tant cultivées que non cultivées, les trois moulins dudit village, avec l'église de Saint-Maurice et la chapelle de Saint-André[1].

La dernière partie de ce document est relative à la direction intérieure du monastère. Il est établi sur la règle de saint Benoit[2], comme ceux de Remiremont, d'Epinal et de Bouxières ; la conduite en est donnée à l'abbesse, ainsi que le prescrivait cette règle ; la nomination à la dignité abbatiale était confiée au choix des religieuses et soumise à l'agrément de l'évêque de Toul ; ce choix devait en outre être fait dans l'établissement même, et, seulement en cas d'impossibilité, dans une autre congrégation.

---

1. Voy., pour le surplus des donations, le texte de la bulle mentionnée ci-dessus. Les interprétations relatives aux noms de lieux, données par Dom Calmet, pourraient être l'objet de discussions qui ne sauraient trouver leur place ici.

2. La bulle de Léon IX ne mentionne pas l'ordre auquel appartenait le monastère, mais une bulle de Luce III dit positivement que la règle de saint Benoit y fut introduite depuis le commencement. (*Sacræ antiquitatis monumenta*, par le P. Hugo.)

On voit par la bulle de Brunon que les biens de l'abbaye n'étaient pas considérables, et les revenus des religieuses devaient à peine suffire à leurs besoins ; du moins étaient-ils en rapport avec la simplicité de leurs mœurs et la sévérité de leur règle.

Il est bien difficile aujourd'hui d'établir d'une manière positive les commencements de cette communauté, et de relater avec exactitude la période pendant laquelle elle est restée fidèle à la règle de saint Benoit. L'observation de cette règle parait avoir été maintenue scrupuleusement pendant les trois premiers siècles qui suivirent la fondation du couvent. Quelques détails sur les rapports qui existèrent entre l'abbaye, les évêques de Toul et les ducs de Lorraine sont rappelés par Dom Calmet. Ces renseignements, fournis d'après des textes entièrement disparus, sont les seuls connus jusqu'aujourd'hui ; ils n'indiquent rien de particulier qui ait rapport à la discipline du monastère et à sa constitution intérieure.

Le plus ancien document, après la bulle de Léon IX, est de 1206 ; il est relatif à la vouerie de Mathieu, comte et évêque de Toul, qui, après plusieurs violences exercées contre l'abbaye, déclare qu'il n'a d'autre droit sur elle que de percevoir dix sols de cens et quinze muids de vin que les religieuses lui ont accordés pour droit de garde : cette convention fut passée en présence de Dreux chevalier, seigneur de Ville, de Garin de Dommartin, d'Henri, son fils, Hugues de Gervécourt, Geoffroy de Mattincourt, Raoul de Joudreville, Gosselin de Sérocourt, Ory de Jucin, Renaut de Ville.

Thiébaut Ier, duc de Lorraine, déclare, par des lettres patentes datées de Dampierre, l'an 1217, qu'il prend l'abbaye de *Portus Suavis* sous sa protection, et qu'il réparera les dommages qui lui seront occasionnés. Il confirme, en 1220 et en 1225, cette déclaration.

On voit, par un titre de 1331, que les habitants de Poussay devaient payer annuellement au profit du roi de France, « au chasteau de Monteclair[1] douze parisis au jour de St Remy ». Ils lui devaient également, à la Saint-Martin d'hyver, 11 gros 4 deniers 7 resaux et 7 bichets d'avoine, mesure de Mirecourt, pour droiture appelée angive[2], et qui se levait par forme de taille. Il se prélevait, en outre de cette rente, un resal d'avoine par conduit ou ménage.

Sur les remontrances que lui adressa Raoul, duc de Lorraine, Philippe de Valois révoqua la protection qu'il avait accordée à « ceux de Poursas » et leur quitta la rente qu'ils devaient pour droit de garde.

D'autres lettres patentes des ducs Ferry II, Ferry III, Jean Ier, René d'Anjou, Jean son fils et René II[3] confirment ces déclarations et prennent le monastère sous leur sauvegarde spéciale.

Il résulterait de ces documents que les ducs de Lorraine restèrent particulièrement dévoués à l'abbaye, et que cette protection lui fut plus avantageuse que toute autre ; mais d'où qu'elle vint, et bien qu'elle fût onéreuse, cette protection lui était indispensable. En se

1. Monteclair était un château près de Langres, que François Ier et Henri II firent fortifier sur les frontières de la Lorraine.

2. Nom d'une ancienne pièce de monnaie sur la face de laquelle on voyait l'image d'un ange.

3. Une copie des lettres de René II, du 22 avril 1477, portant confirmation des priviléges, franchises et libertés de l'abbaye de Poussay, se trouve au Trésor des Chartes, dans le cartulaire intitulé : *Chartes et priviléges.*

reportant à cette époque de troubles, où la force brutale prédominait, où le droit des gens était méconnu, on conçoit la nécessité pour ces sortes de communautés de se mettre à l'abri des violences et des exactions dont elles étaient souvent l'objet, et de recourir à des moyens de défense que leur organisation même et leur pauvreté ne leur permettaient pas de posséder directement. L'abbaye de Poussay ne pouvait, en effet, disposer, comme celle de Remiremont, de ressources considérables ; elle n'était pas pourvue comme elle d'un grand prévôt pour recruter des aides et faire des levées d'hommes, et les garanties qu'il lui fallait, elle dut les chercher au dehors, et songer à d'autres qu'à elle-même pour assurer son repos et maintenir sa sécurité. C'est ce besoin de protection et d'appui, si nécessaire à cette époque aux communautés religieuses, qui donna naissance à l'institution des voués. « Les violences que beaucoup de seigneurs commettaient journellement contre les évêques et les moines firent de plus en plus comprendre à ces derniers le besoin de sacrifier une partie de leurs domaines pour sauver le reste. Les attentats qui se commettaient impunément portèrent les religieux à entourer leurs monastères de murailles hautes et solides et à donner à leurs demeures toute l'apparence de forteresses ; mais, comme les tours et les murailles ne pouvaient abriter que les églises et les habitations monastiques et canoniales, il fallut avoir recours à d'autres mesures, et c'est alors que l'on vit se développer une institution qui existait déjà depuis longtemps. Sous les règnes des premiers carlovingiens, les évêques avaient été obligés de nommer des voués ou avoués auxquels ils déléguaient l'exercice de leurs droits, qu'ils ne pouvaient canoniquement exercer. Au xe et au xie siècles, les avoués acquirent une bien plus grande autorité : au lieu d'être les mandataires et les officiers des évêques et des abbayes, ils devinrent leurs protecteurs ; mais, pour se procurer l'office de seigneurs capables de les défendre, les évêques et les moines furent contraints de faire de grands sacrifices, d'inféoder une partie de leurs biens et même de renoncer à la faculté de choisir des avoués dans d'autres familles que celles des seigneurs investis de cette charge. Cette institution, créée pour la protection des ecclésiastiques, ne tarda pas à en devenir le fléau, et les avoués, loin de se contenter des revenus attachés à leur charge, mirent tout en œuvre, même la violence, pour s'enrichir. »

Ce droit de sauvegarde était en effet onéreux, mais il n'avait pas seulement pour effet d'entraîner le monastère de Poussay à des sacrifices pécuniaires, il l'exposait encore à un véritable danger, en initiant aux détails de son administration intérieure des voisins puissants, dont l'influence, le contrôle gênant ne pouvaient que nuire à l'esprit et à la liberté de l'institution.

Le malaise que créait cette situation se traduit dans un acte capitulaire en date de 1508, dans lequel l'abbesse Sybille et tout le couvent de Sainte-Menne déclarent « qu'étant *souvent contraintes* de recevoir dans leur abbaye des personnes incapables de rendre aucun service, ce qui fait qu'au lieu d'augmenter, elle diminue considérablement, y ayant plusieurs jeunes filles de leurs parents qui ne sont point en état d'observer leur règle et de les soulager dans la réforme dont elles ont besoin ; pour obvier à ces inconvénients, elles ont résolu, d'un consentement unanime, que les quatorze premières prébendes qui viendraient à vaquer seront confiées à leurs parents les plus capables d'observer leur règle ».

Ces doléances dont l'inobservation des statuts paraît être le motif, prouvent que déjà à cette époque l'austérité de la règle commençait à fléchir. Il n'y eut cependant rien de brusque ni de radical dans sa transformation ; elle se fit insensiblement, et ce n'est que peu à peu que l'état canonial et séculier s'introduisit dans la communauté. A quelle époque eut lieu cette réforme ? Dom Calmet prétend que c'est à la fin du xiv⁰ siècle, et le P. Hugo dans le commencement du xv⁰. En s'appuyant sur le texte qui vient d'être cité plus haut, on peut constater que déjà vers 1508 il existait chez les religieuses de Sainte-Menne une certaine tendance à s'écarter de leurs anciennes traditions. A partir de ce moment, auparavant même et jusqu'à la fin du xvi⁰ siècle, les religieuses « abandonnèrent la règle et quittèrent l'habit », adoptant sans doute une constitution particulière et des statuts plus conformes aux mœurs nouvelles qu'elles pratiquaient, en attendant qu'un acte de l'autorité vint régulariser leur position et consacrer d'une manière authentique la transformation de leur église.

La sécularisation des autres abbayes lorraines dut exercer de l'influence sur celle de Poussay : de même que celle-ci avait accepté à son origine la règle de ses devancières et l'avait observée scrupuleusement pendant plusieurs siècles, de même elle suivit l'exemple de leur émancipation.

L'abbaye de Remiremont, beaucoup plus importante que celle qui nous occupe, fut mêlée aux guerres de la féodalité et aux événements politiques de la Lorraine. Pourvu de droits et de domaines considérables, suffisamment forte pour les défendre, ce magnifique et splendide asile ne pouvait manquer d'attirer l'attention des seigneurs voisins et d'exciter leur convoitise. Au milieu des luttes qui agitaient sans cesse le monastère, la discipline s'énerva de jour en jour, et les religieuses de Saint-Romaric ne conservèrent plus que les formes les moins sévères de la règle de saint Benoit. Ce serait à ces préoccupations guerrières de l'abbaye de Remiremont, au poids de ses richesses et à sa puissance politique que la dégénérescence de la règle devrait être attribuée[1].

Assurément le rôle de l'abbaye de Poussay fut plus modeste, et son histoire est dépourvue de grandeur. Ce monastère, bien que renfermant dans son sein des filles nobles, alliées aux plus grandes familles du pays, ne fut jamais doté de priviléges et de droits semblables. Il ne fut mêlé en aucune sorte aux guerres de la Lorraine, et ce n'est ni à l'importance de son temporel, ni à son intervention dans les affaires politiques du pays que l'on peut attribuer les causes de sa sécularisation.

Il serait plutôt permis de supposer que les nécessités de l'époque, des besoins nouveaux, des exigences de famille, contribuèrent à ce mouvement. A Bouxières, les chanoinesses avaient adopté, depuis le milieu du XVe siècle, une manière de vivre et des usages particuliers. « Ce fut, dit-on, René d'Anjou qui, en 1452, obtint de convertir l'abbaye de Bouxières en maison d'éducation et d'état pour les filles de ses preux obérés par les guerres de Lorraine et de Sicile[2] ».

Il est vrai que cette assertion n'est appuyée d'aucune preuve, mais elle n'en parait pas moins vraisemblable :

1. Voy. l'*Histoire de l'abbaye de Remiremont*, par M. l'abbé Guinot.

2. Voy. *l'Abbaye de Bouxières*, par M. H. Lepage, dans les *Mémoires de la Société d'Archéologie lorraine*, Ier vol., 1859.

en effet, « il semblait naturel à l'aristocratie d'avoir la jouissance des biens légués aux monastères par ses aïeux, et, pour légitimer ce droit, elle obtint graduellement la transformation de ces monastères en collégiales et en chapitres ouverts à ses filles.

L'existence de ces chapitres nobles paraissait une nécessité politique dans une société féodale ; les stalles capitulaires offraient un asile plein de dignité aux filles de la noblesse décimée et ruinée par des guerres interminables, et la prébende fut souvent le prix du sang et de longs services[1].

Cette assertion, rapportée plus haut, parait donc fondée, et il n'est pas déraisonnable d'admettre que l'abbaye de Poussay, dont les règlements, les usages, la composition, le développement, en un mot, offrent tant d'analogie avec celle de Bouxières, dut, à son exemple et à des causes à peu près identiques, sa sécularisation.

Naturellement ces places devinrent fort recherchées. A une époque où les partages inégaux des successions, en conservant aux aînés et aux enfants mâles les splendeurs de la famille, n'offraient à la plupart des filles nobles que le choix entre le couvent et une existence triste et délaissée, quel intérêt les seigneurs n'avaient-ils pas à s'approprier les avantages d'une pareille situation ? Là, sans s'astreindre à des vœux monastiques, sans se livrer à des exercices rigoureux, leurs filles trouvaient une retraite honorable et sûre dans laquelle se perpétuaient les traditions aristocratiques ; elles jouissaient d'une vie très-douce, facile, à laquelle venait encore

1. Voy. *Histoire de l'Abbaye de Remiremont*, par M. l'abbé Guinot.

s'ajouter la perspective d'alliances conformes à leur naissance et à leur rang.

Mais ces admissions, dues souvent à la faveur, obtenues, en tout cas, par la constatation minutieuse des titres de noblesse, ne pouvaient, par ce motif trop exclusif, que contribuer à la dérogation de l'ancien règlement : les nouvelles postulantes, en effet, apportaient avec elles dans un monastère où les tendances libérales ne se faisaient que trop sentir, des éléments nouveaux, des goûts mondains et profanes peu en harmonie avec l'esprit monastique, et dont l'influence ne devait pas tarder à altérer complètement la constitution primitive de la communauté.

Ce ne fut pas sans l'opposition de certaines abbesses que ce changement s'opéra. Claude d'Anglure, entre autres, abbesse de Poussay en 1576, essaya, l'année suivante, de ramener l'institution à sa règle primitive. Déjà à Bouxières, Françoise de Ludre avait fait dans le même but des essais infructueux : elle avait à lutter contre des intérêts trop nombreux, les priviléges des chanoinesses étaient eux-mêmes protégés par des influences trop puissantes pour qu'une pareille tentative pût aboutir. Les chanoinesses de Poussay, dit le P. Hugo, eurent recours au duc de Lorraine Charles III, qui rendit un édit en leur faveur. A l'appel de ce jugement par Claude d'Anglure devant le cardinal de Vaudémont, évêque de Toul, les parties furent entendues : les chanoinesses avouèrent leur défection à l'antique discipline, tout en invoquant la prescription, et trouvèrent un protecteur dans le cardinal, qui, se contentant de mettre de côté dans leur règlement tout ce qui pouvait être contraire aux bonnes mœurs et au maintien de la discipline, leur permit de demeurer en l'état où elles se trouvaient, jusqu'à ce que le saint-siége en eût statué autrement. L'abbesse ne céda pas à cette sentence, rendue le 28 avril 1582 ; elle en appela à la cour de Rome ; mais sa mort, arrivée en 1586, arrêta l'issue de ce procès.

Elle avait choisi pour coadjutrice Edmonde d'Amoncourt, doyenne d'Epinal, dans la pensée peut-être qu'en lui succédant, elle continuerait son œuvre de réforme ; mais les chanoinesses reconnurent des défauts dans la bulle d'Edmonde d'Amoncourt et se pourvurent devant le cardinal de Vaudémont, qui approuva le choix qu'elles avaient fait pour abbesse de Françoise du Châtelet. Charles III lui-même confirma cette nomination, mais Edmonde d'Amoncourt l'attaqua à Rome, et, pendant le procès, Françoise du Châtelet mourut, laissant la place libre à sa concurrente, qui jugea à propos de ne pas renouveler ses tentatives, et dès lors les dames chanoinesses purent jouir en paix du bénéfice de leur sécularisation.

II.

Cette transformation d'abbaye en chapitre s'était depuis longtemps opérée, et il est probable qu'aucun acte émanant de l'autorité ecclésiastique n'avait officiellement consacré ce changement avant la sentence du cardinal de Vaudémont, du 28 avril 1582. Ce serait donc de cette époque que daterait, sinon de fait, du moins de droit, la sécularisation du monastère.

Quelque temps auparavant, Montaigne, l'illustre auteur des *Essais*, avait visité Poussay, dans un voyage qu'il fit en Lorraine en 1580. M. du Hautoy notait jour par jour ses remarques ; voici un extrait de son journal :

« Le lendemain 15 septembre, au matin, après déjeuner, M. de Montaigne alla voir, à un quart de lieue de là, les religieuses de Poussay : ce sont couvents ou religions de quoi il y en a plusieurs en ces contrées établis pour l'institution des filles de bonne maison.

» Elles y ont chacune un bénéfice pour s'en entretenir de cent, deux cents, trois cents écus, qui pire, qui meilleur, et une habitation particulière où elles vivent chacune à part soi. Les filles en nourrice y sont reçues ; il n'y a nulle obligation de virginité, si ce n'est aux officières, comme abbesse prieure et autres.

» Elles sont vêtues en toute liberté, comme autres demoiselles, sauf un voile blanc sur la tête, et à l'église, pendant l'office, un grand manteau qu'elles laissent en leurs siéges, au chœur.

» Les compagnies y sont reçues en toute liberté chez les religieuses qu'on y va rechercher soit pour les épouser ou à cette occasion.

» Celles qui s'en vont peuvent résigner et vendre[1] leurs

---

1. Voici le texte d'un de ces actes de vente :

« Du 20 août 1713. Pardevant le tabellion général au duché de Lorraine, résident en la ville de Mirecourt, soussigné, etc., est comparu en personne haute et puissante dame dame Suzanne de Chauvirez, dame comtesse et chanoinesse de l'insigne église collégiale et séculière de Sainte-Menne de Poursas, sujette immédiatement du Saint-Siége, laquelle, ensuite du pouvoir à elle attribué par les statuts et coutumes de ladite église, a donné, cédé et renoncé pour toujours, comme elle fait par les présentes, à haute et puissante dame dame Elisabeth de Chauvirez, sa sœur, dame doyenne dudit chapitre, la prébende à elle obtenue par le décès de feue dame Elisabeth de Chauvirez, vivante dame doyenne dudit chapitre, sur laquelle prébende ladite dame Suzanne de Chauvirez avoit appréhendé haute et puissante dame Marie-Antoinette-Louise de Chauvirez, maintenant épouse de haut et puissant seigneur messire Charles-François de la bénéfices à qui elles veulent, pourvu qu'elles soient de condition requise, car il y a des seigneurs du pays qui ont cette charge fermée et s'y obligent par serment de témoigner de la race des filles qu'on y présente. Il n'y a pas d'inconvénient qu'une seule religieuse ait trois ou quatre bénéfices.

» Elles font au demeurant le service divin comme ailleurs. La plus grande partie y finissent (*sic*) leurs jours et ne veulent changer de condition ».

Il existait, au profit du chapitre de Poussay, un droit fort singulier et qui mérite d'être signalé. Le prévôt de Mirecourt avait la garde de la foire de Poussay : le droit, rappelé dans tous les comptes du domaine, est attesté dans une ordonnance qui remonte aux premières années du règne de Charles III, et dont un article est ainsi conçu : « Il a esté permis une foire audict Poursas[1] de laquelle ledict prévost de Mirecourt a la garde qui se tient tous les ans le lendemain des festes St Jude et St Simon, et estant arrivé audict Poursas, au soir, les dames abbesses du chapitre sont tenues luy fournir une chambre, lict et bois, luy donner trois potz de vin, trois chandelles de cire, trois de suif et trois placts de fruicts tous les jours qu'il séjourne audict Poursas.

» Item est tenue ladicte dame abbesse faire porter par son gouverneur audict prévost un de ses manteaux four-

---

Grange, seigneur de Villedamé, et qui lui est rendue par son mariage, pour par ladite dame Eléonore de Chauvirez, doyenne, jouir et disposer de ladite prébende, et demande que ladite dame Suzanne de Chauvirez, sa sœur, auroit pu et pourroit faire avant la passation des présentes, qu'elle a promis et d'avoir toujours pour agréables... »

1. Cette foire se tient encore tous les ans à Poussay, à la même époque.

rés pour sa couverture de lict, et après la foire tenue luy donner soixante sols ; pendant laquelle prend ledict prévost son droict sur les boulangers et aultres marchandises comme il faict ez foires de Mirecourt, et si il s'y faict querelle ou larcin, ledict prévost a l'appréhention de ceux qui les commettent ».

Le prévôt, à son tour, devait faire donner les violons la veille de la foire sous les fenètres de l'hôtel abbatial et faire danser les dames chanoinesses.

L'oubli ou le refus de la part du prévôt de se prêter, en 1619, à cet usage, donna lieu, entre les dames et lui, à un procès que gagnèrent les chanoinesses, et dont les détails sont rappelés dans un départ de cour des Assises de Mirecourt, du 5 juin 1624.

Les désastres dont la Lorraine fut le théâtre pendant le règne de Charles IV, la peste et les invasions qu'elle eut à subir se firent ressentir à Poussay. Le chapitre eut particulièrement à souffrir, et les chanoinesses furent obligées d'abandonner leur résidence pendant quelque temps.

Si l'on en croit une inscription qui se trouve dans une des maisons du village, une seule de ces dames, la comtesse Louise de Chauvirey, resta à Poussay, et, par son courage et sa fermeté, préserva le cloître du pillage et de l'incendie.

Voici le texte de cette inscription :

« D. O. M... Cy git illustre et honorée Dame Madame Louise de Chauvirey, chanoinesse de cette église.

» Son zèle pour le chapitre lui donna le courage d'y rester seule de Dames pendant les ravages de la guerre et de la peste ; elle parvint par sa fermeté et la sagesse de ses mesures à la préserver du pillage et de l'incendie que les Suédois répandirent dans la province ; elle signala sa charité et sa bienfaisance par les secours qu'elle donna aux pauvres pestiférés.

» Sa mémoire sera à jamais précieuse au chapitre.

» Cette respectable Dame ayant rempli dignement tous les devoirs de son état l'espace de soixante-douze ans, mourut en paix le 21 septembre 1651. *Requiescat in pace.* »

Malheureusement, ces éloges posthumes ne sont, comme tant d'autres, hélas ! mérités qu'en partie, du moins en ce qui concerne la garde du chapitre que Mme de Chauvirey[1] abandonna comme les autres dames, ainsi que le prouve la requête suivante extraite des registres du bailliage de Vosge, du 5 février 1640 :

« Plaise à MM. les administrateurs de la justice du bailliage de Vosge,

» Ce requérant honorée Dame Louise de Chauvirey, Dame de Poursas, que pendant les malheurs des guerres *elle avoit été contrainte d'abandonner ledit Poursas,* et pendant son absence, on a enlevé de son logis deux platines en fer fondu dont l'un se trouve où souloit habiter le sieur Claude Tournay, vivant ancien maire de Mirecourt, et l'autre en celle de Demange Maljean dudict Mirecourt. C'est pourquoi elle supplie commission d'être donnée pour interpeller les héritiers dudict sieur Tournay et le sieur Maljean à la restitution de ces platines ».

---

1. Cette dame, toutefois, resta seule pendant quelque temps à Poussay : je trouve, dans mes minutes, un acte du 4e juin 1643 par lequel le maire et les habitans de Porsas « ont recongnu avoir vendu à honorée dame Louyse de Chauvirey, dame plus ancienne de l'église sainte Menne dudit Porsas, présente et se portant fort des autres dames de ladite église *présentement toutes absentes,* etc. »

Le chapitre se reconstitua en peu de temps, et nous le retrouvons, quelques années après, plus brillant et mieux composé que jamais. En 1661, il comptait au nombre de ses membres une chanoinesse d'une rare beauté, qui, d'après les chroniques du temps, aurait jeté sur la communauté un lustre un peu profane : je veux parler de Marie-Isabelle de Ludre, dont les amours avec le duc Charles IV, racontés par plusieurs de nos historiens, sont trop connus pour qu'il soit utile d'entrer ici dans des détails à ce sujet[1].

Cet épisode a donné lieu à bien des commentaires, plus ou moins défavorables à la maison qui en fut le théâtre ; on oublie trop quelle en était la règle. Les chanoinesses ne faisaient pas de vœux, et le séjour au chapitre de beaucoup d'entre elles était de peu de durée. Les registres de l'état civil conservés à Poussay constatent plusieurs promesses de fiançailles entre les chanoinesses et différents seigneurs ; or, ces cérémonies étaient précédées de visites plus ou moins fréquentes de la part de ces seigneurs, visites toutes naturelles, dont le but n'avait rien que d'honorable et ne pouvait en aucune manière prêter à des suppositions fâcheuses.

Toutefois, il faut bien le dire, l'esprit mondain des chanoinesses, les recherches dont elles étaient l'objet, les hommages qui les entouraient, introduisirent dans le chapitre une facilité et une élégance de mœurs qui ne furent pas toujours à l'abri de la critique. C'est sans doute à ces causes qu'il faut attribuer les traditions qui se sont malheureusement perpétuées dans le pays sur la légèreté des dames de Poussay.

---

1. Les récits de ces historiens sont résumés dans un opuscule de M. Beaupré intitulé : *la Belle de Ludre.*

Rien n'est moins fondé pour moi que cette réputation équivoque : les documents qui subsistent et qui ont trait à l'époque de décadence qui précéda la Révolution, ne révèlent aucun fait de nature à justifier cette assertion : ils accusent, au contraire, de la part des dames chanoinesses, sinon la pratique de vertus austères, du moins la preuve d'une grande générosité, et perpétuent le souvenir d'actes nombreux, tels que fondations pieuses[1], au moins, érections d'écoles, etc., et, en général, des bienfaits dont profitaient largement le voisinage de cette communauté.

Que quelques actes isolés aient pu se produire, ils n'entachent pas l'honneur du chapitre ; encore sont-ils rares.

III.

La proximité de Mirecourt et de Poussay occasionna assez souvent, entre la ville et le chapitre, des contestations et des procès ; quelques-uns sont rappelés sommairement dans les titres et les registres de la ville. Le faubourg dit de Poursas dépendait du chapitre, dont la juridiction s'étendait jusqu'aux portes de Mirecourt. En 1708, il céda au duc de Lorraine ses droits de haute, moyenne et basse justice sur le faubourg, et, en contre-échange, reçut de ce prince « la haute, moyenne et basse justice du village de Puzieux, le pré de l'étang, la banalité du moulin, et généralement toutes les rentes seigneuriales qui lui appartenaient audit lieu, ensemble les grands et petits étangs de Biécourt, moulins et prés en dépendant. » La prise de possession de ces immeubles est rapportée dans un procès-verbal du 2 janvier 1708.

1. V. pièce justificative I.

Les revenus du chapitre de Poussay ne furent jamais considérables, même à cette époque : ce n'est qu'en 1762, par lettres patentes de Stanislas datées du 16 juillet, que les biens et revenus du chapitre de Bourmont furent réunis à ceux de Poussay. Après la destruction de la célèbre ville de La Mothe, son chapitre, composé de douze chanoines, fut transféré à Bourmont : chaque chanoine jouissait d'un canonicat de 1,800 fr. environ. C'est ce chapitre qui fut supprimé par Stanislas, et ses biens furent réunis à ceux de Poussay pour ajouter à l'état d'aisance de ces dames et le rendre plus conforme à l'illustration de leur naissance.

Stanislas prouva, par d'autres mesures, sa protection au chapitre. Par déclaration du mois de janvier 1761, il confirma les libertés et prérogatives des quatre chapitres nobles de Lorraine, et fixa définitivement les preuves de noblesse que nécessitait leur entrée. Voici le texte de cette déclaration :

« Art. 1er. Nous avons par ces présentes confirmé et confirmons tous les droits, distinctions, immunités, priviléges, libertés, prérogatives et exemptions dont jouissent ou doivent jouir lesdits chapitres et nommément le droit d'élection, comme d'ancienneté, à leurs dignités respectives.

» Art. 2. Ordonnons qu'à l'avenir dans les quatre chapitres de Lorraine, de Remiremont, Bouxières, Epinal et Poussay les preuves de noblesse pour y avoir entrée seront faites de huit degrés du côté paternel, au lieu de quatre, restreignant celles du côté maternel aux mêmes huit degrés, pour la dernière mère seulement.

» Ne seront admis à l'avenir aux dignités et prébendes desdits chapitres que nos propres sujets ou naturalisés et ceux du roi très-chrétien faisant profession de la religion catholique, apostolique et romaine, ayant les autres qualités requises, à l'exclusion de ceux d'Alsace, à moins que nosdits sujets et ceux de France ne soient reçus dans les chapitres de ladite province en faisant les preuves réglées par leurs statuts. »

Outre ces distinctions, qui furent plus honorifiques que lucratives, les chanoinesses sollicitèrent le droit de porter une décoration comme celle qu'avaient obtenue quelque temps auparavant les dames de Remiremont et d'Epinal : elles présentèrent, à cet effet, une supplique à Stanislas, dans laquelle elles rappelaient que « l'insigne église collégiale et séculière de Poussay, sujette immédiatement du Saint-Siége, avait été fondée dans le xe siècle par Bertholde, évêque de Toul ; que Brunon, son successeur, devenu pape sous le nom de Léon IX, en confirmant la fondation de cette église, en avait augmenté la dotation et lui avait donné pour patronne sainte Menne, *princesse d'Austrasie;* que le chapitre de Poussay avait été protégé par ses souverains et singulièrement par Charles IV, Léopold, Stanislas et Louis XV, desquels il avait ressenti les bienfaits[1].

Cette décoration leur fut octroyée vers 1774. Elle était composée d'un large ruban bleu liseré d'or auquel était attachée une croix d'or émaillée à huit pointes et surmontée d'une couronne. Le médaillon central représentait au droit sainte Menne, patronne du chapitre, et au revers le pape Léon IX[2].

1. *La France ecclésiastique pour l'année* 1788, page 276.
2. Voy. *Mémoires de la Société d'Archéologie lorraine,* année 1864 : — *Sur les décorations des chapitres de Lorraine,* par **M. Digot.**

Le chapitre était alors en pleine prospérité ; il marchait à l'égal des autres chapitres de Lorraine ; ses revenus étaient doublés, et aucune marque de la sympathie et de la protection souveraine ne lui était refusée ; malheureusement, il ne jouit pas longtemps de sa splendeur. La Révolution approchait, et avec elle son funèbre cortége de vandales qui ne devaient pas ménager là plus qu'ailleurs leurs massacres et leurs pillages.

IV.

L'organisation intérieure du chapitre était à peu près semblable à celle des autres chapitres nobles de Lorraine. Il était composé d'une abbesse[1], d'une doyenne, d'une secrète et de quatorze chanoinesses.

L'église était desservie par quatre chanoines-curés et un sous-sacristain ; on les désignait sous le nom d'aumôniers.

Le chapitre avait un prévôt et différents officiers, tant pour la direction de ses affaires que pour l'administration de la justice, soit à Poussay, soit aux autres lieux dont le chapitre était seigneur, et où les dames abbesses exerçaient des droits honorifiques. Il jouissait du droit de *committimus* pour les affaires communes, et les abbesses et les doyennes pouvaient en user pour leurs affaires particulières.

Le titre d'abbesse était une dignité élective, et il était confirmé par bulle, ainsi que la nomination d'une coadjutrice, que l'abbesse pouvait se choisir dans le corps et d'après l'agrément du chapitre.

---

1. Voy. ci-après la liste de ces dignitaires, pièce justificative II.

Le chapitre relevait directement du Saint-Siége : en assemblée capitulaire et dans les actes publics, les dames comparaissaient comme « dames comtesses et chanoinesses de l'insigne église collégiale et séculière de Sainte-Menne de Poussay, relevant directement du Saint-Siége. » Elles n'étaient astreintes à aucun vœu ; mais, d'après les bulles, l'abbesse devait faire profession de l'ordre de saint Benoit.

La dame abbesse avait la direction du monastère : comme chef de l'église, elle était chargée de faire exécuter les ordonnances et les règlements. — Au-dessus d'elle était la juridiction du chapitre, dont elle était chargée d'appliquer les décisions, et duquel seul dépendaient l'admission des chanoinesses, la direction du service, l'administration du temporel, le droit d'apprébendement, etc. Après l'abbesse venaient la doyenne et la secrète ; la doyenne était la plus ancienne chanoinesse, qui remplaçait l'abbesse en cas d'absence.

Les chanoinesses habitaient des maisons particulières, disposées autour du cloitre, et dans lesquelles elles vivaient à leur guise, en dehors du temps donné au service religieux : elles n'avaient donc pas de maison en commun, pas même de salle capitulaire ; elles se réunissaient chez l'abbesse ou chez la doyenne.

L'hôtel abbatial, qui datait du XIVe siècle, était flanqué de seize pavillons détachés, formant pour chaque chanoinesse une habitation particulière, entre parterre et jardin, entourés d'une grille de fer. En face de l'hôtel se voyait une basilique du XIe siècle, remarquable par ses colonnes, dont les chapiteaux à bas-reliefs représentaient des sujets tirés de la Genèse, remarquable aussi par ses cloitres latéraux dont les voûtes étaient supportées par une élégante colonnade en balustres avec chapiteaux du même style[1]. Cette église, dédiée à la Vierge et à sainte Menne, remontait au temps de la fondation. Ce bâtiment était mal éclairé et peu sain ; les collatéraux étaient séparés du chœur par des murs ; une ancienne tour carrée servait de clocher ; ce n'est qu'en 1760 que l'on plaça des orgues au-dessus de la porte d'entrée.

Depuis leur sécularisation, les chanoinesses n'avaient pas de costume spécial ; seulement, aux offices, elles portaient l'habit de chœur : ce costume se composait d'une robe montante en soie noire ; par-dessus un manteau d'étamine avec collet et bordure d'hermine. Le manteau de l'abbesse se distinguait par une bordure plus large de quatre doigts, un *pallium* brodé or et argent, et sur le bras gauche une aumusse mouchetée d'hermine

Les chanoinesses portaient indistinctement sur le sommet de la tête une voilette en toile blanche fraisée en tuyaux et posée perpendiculairement ; à cette voilette, qui se nommait barbette, se rattachait sur la nuque le manteau d'étamine. Les dames dignitaires portaient sur le côté gauche un insigne brodé indiquant leurs fonctions[2].

Il était attribué à l'abbesse le quart des revenus du chapitre ; le reste se partageait en vingt prébendes, dont seize pour les dames et quatre pour les chanoines qui desservaient la communauté.

Les prébendes affectées aux dames-nièces[3] se don-

---

1. J'ai puisé ces renseignements dans un ouvrage qui vient de paraître : *Charles de Vaudémont*, par M. G. Le Clère, qui les avait recueillis lui-même de son oncle, M. Rellot, autrefois avocat du chapitre.

2. M. G. Le Clère (*Charles de Vaudémont*).

3. On les appelait ainsi, sans doute, parce qu'autrefois ces dames faisaient apprébender leurs nièces de préférence.

naient par tour, à l'exception d'une seule, qui était réservée à l'évêque de Toul. Ce droit, il est vrai, avait été contesté, mais il fut reconnu par Mme de Damas, abbesse de Poussay, dans une lettre écrite le 17 août 1787 à M. de Gournay, évêque de Toul, par laquelle elle marque qu'elle lui envoie ses titres pour justifier son droit, et qu'elle est toute disposée à apprébender sa nièce.

La dame tournaire devait consommer son droit dans l'espace de dix-huit mois, et ne pouvait nommer à la prébende vacante une demoiselle au-dessous de l'âge de 7 ans. Le tour était interrompu à l'avènement de l'abbesse, qui était en droit de nommer à la prébende vacante après son élection. La chanoinesse qui avait consommé son droit devenait tante de la dame par elle choisie, et, si celle-ci venait à quitter son état par suite de mort, de mariage ou autrement, la prébende retournait à la nomination de la dame tante. En cas de décès de sa nièce, la chanoinesse, d'après un usage constant, héritait de son mobilier.

La valeur de ces prébendes était très-variable, puisqu'elle dépendait de celle des revenus du chapitre. Je vois dans une note écrite en 1692, et qui se trouve dans les archives de la fabrique de Poussay, que Mme Isabelle de Mailly a amodié à Élisabeth Mathieu, pour quatre années, les revenus de la prébende de sa nièce pour la somme de 250 francs, monnaie de Lorraine, en quoi elle puisse consister.

Les statuts de la communauté de Poussay n'ont pas été conservés ; ils devaient être, à peu de chose près, les mêmes que ceux des autres chapitres nobles de Lorraine, et le peu que l'on puisse connaître aujourd'hui sur les usages et les coutumes de celui qui nous occupe, sur les devoirs des chanoinesses, sur leur stage, leur résidence, qui était obligatoire au chapitre pendant un certain temps, la permission qu'elles avaient de se marier, sur la faculté qui leur était accordée de tester, mais avec la permission spéciale de l'abbesse, en un mot, sur leurs droits et leurs priviléges, font supposer que ces statuts devaient être calqués en quelque sorte sur les règlements des autres chapitres de dames nobles de Lorraine.

Les documents que l'on trouve aux archives du département sont généralement relatifs à des droits de propriété, ventes et échanges, qui n'offrent pas grand intérêt ; néanmoins les comptes des dernières années du chapitre renferment des renseignements plus complets ; j'en extrais quelques passages d'un état estimatif de ses revenus et charges et d'un compté-rendu par le prévôt en 1784[1].

Revenus. — Le chapitre possédait à Poussay les droits seigneuriaux suivants : le tiers denier sur les terrains communaux loués par la communauté, les regains et fruits champêtres, les condamnations et amendes gruriales, les mésus champêtres, le droit de four, les nouveaux entrants, les cabarets, les foires, etc. Il était dû à l'abbesse un droit d'étrennes, évalué à 6 livres ; le droit de permettre les jeux, qui était évalué à 7 livres 15 sols ; le droit de langues de bœuf, qui était loué 23 livres 5 sols ; celui de la glandée était évalué à 31 livres ; les autres droits seigneuriaux, les corvées et droits de troupeau à part, y compris l'exemption des dîmes de laine et d'agneaux de la bergerie, étaient laissés, en 1783, moyennant

---

1. Je dois la communication de ces documents à l'obligeance de M Duhamel, archiviste du département.

un canon de 200 livres ; le pré dit le Breuil était loué
514 livres ; les dîmes, à l'exception de celles de raisin et
de la bergerie, étaient louées, en 1784, pour un canon
de 46 livres 10 sols, et, en outre, le fermier devait fournir les bêtes mâles à Poussay.

La dîme du raisin était louée moyennant un canon de
1,400 livres. Les deux moulins de Poussay, avec le droit
de banalité et quelques terres, étaient laissés moyennant
un canon de 1,450 livres, et, en outre, le fermier était
obligé de fournir annuellement à l'abbesse quatre plats
de poisson, évalués à douze livres ; à ladite abbesse, aux
chanoinesses et aux chanoines chacun un chapon, ce qui
faisait 21 chapons, évalués à 21 livres. Il était obligé
ensuite de moudre gratuitement tous les grains de l'abbesse, des chanoinesses et des chanoines, plus 48 resaux
pour le boulanger qui s'établissait à Poussay[1].

Il était d'usage de louer chaque année les grosses
dîmes au plus offrant ; le prix variait selon la fertilité des
années et d'après l'étendue des saisons ; le produit était
en moyenne de 161 paires de resaux en blé et avoine,
mesure de Nancy, ce qui était évalué à un revenu de
4,405 livres 6 sols.

Le chapitre possédait des dîmes, cens ou héritages à
Aboncourt, Ambacourt, Bainville, Biécourt, Champou-
gny, Choloy, Domvallier, Favières, Frenelle-la-Grande,
La Neuveville, Lignéville, Maizières, Mattaincourt, Mire-
court, Nijon et Vaudrecourt, son annexe, Offroicourt,
Parey-sous-Montfort, Puzieux, Ramecourt, Remicourt,

---

1. Cette charge était considérable ; elle se montait à 332 resaux,
que le meunier était obligé de moudre gratis.

Repel, Sandaucourt, Savigny, Viviers-lès-Offroicourt et Xeuilley[1].

Le montant de l'ancienne dotation de Poussay était évalué, en 1790, à 38,215 livres, et celui des biens de Bourmont, réunis au chapitre, s'élevait, tant en rentes qu'en revenus seigneuriaux, à 33,886 livres 6 sols, ce qui formait un total de 72,101 livres 10 sols 10 deniers de revenus annuels.

Dépenses. — Le chapitre acquittait lui-même ses fondations et, par conséquent, on ne faisait aucune dépense à ce sujet. Il était obligé de fournir à Bainville et à Xeuilley les ornements de l'église, les vases sacrés, l'huile, de cire, et le prédicateur, ce qui était évalué à la somme de 441 livres. Le père sacristain recevait 66 livres pour ses gages, non compris les revenus en argent qu'il recevait ; le sous-sacristain recevait 150 livres pour ses gages et deux resaux de blé pour la fourniture des hosties ; les gages de l'organiste étaient de 387 livres 10 sols et 6 resaux de blé ; ceux du souffleur, de 20 livres ; ceux du frotteur du parquet du chœur, 31 livres, et ceux des enfants de chœur, 12 livres ; la cure de Poussay et celle de Champougny étaient à portion congrue. Le chapitre devait 1,444 livres de rentes à MM. de Fussey, de Mitry, de Bettoncourt, à Mme de Ficquelmont et à Mlle Grosmand de Bourmont.

On voit, par le compte rendu en 1784 par François-Gabriel de Vernet, chanoine et prévôt de Sainte-Menne, que la haute, moyenne et basse justice de Poussay appartenait au chapitre, et qu'en cette qualité, l'abbesse avait

1. Cette nomenclature des lieux où le chapitre possédait des biens peut servir à interpréter la bulle de Léon IX, dont il a été question au commencement de ce travail.

3

le droit de faire tenir les plaids annaux et de créer les officiers de justice.

Le chapitre avait autrefois sous la halle, alors existante, un pressoir à pierres pendantes, que les habitants de **Poussay** avaient demandé de rétablir en 1706.

Le bois de Noirfays appartenait tout entier au chapitre.

Le maire et les habitants de Poussay devaient annuellement au chapitre chacun 5 gros et la veuve moitié, payables à la Saint-Martin, pour l'exemption de la banalité du four ; chaque cultivateur devait trois journées de charrue pour les blés et une pour les avoines, en leur donnant à chacun deux blancs et un morceau de pain bon et raisonnable pour un diner ; on devait les avertir deux jours à l'avance ; chaque habitant devait un jour pour sarcler les blés et un jour pour les avoines, à partir de six heures du matin.

L'abbesse devait donner aux officiers qui surveillaient cette corvée un jambon pour le diner; mais, si c'était un jour maigre, elle devait donner autre chose, plus le diner et le goûter aux sarcleurs et faucilleurs ; le demi-conduit ne devait que la moitié de cette corvée.

Le maire de Poussay, assisté de ses officiers, était tenu de donner et de porter chaque année, le lendemain de Noël, au chapitre, un porc gras, quatorze miches de pain blanc, appelé fouasse (première farine), la farine d'un resal de blé ; la tête dudit porc devait être rendue au maire.

Chaque étranger ou forain qui s'établissait à Poussay devait 10 francs pour droit d'entrée, moitié pour le chapitre et l'autre pour la communauté ; ceux qui y étaient nés et qui, après en être sortis, voulaient y rentrer, ne payaient que 5 francs.

Le 28 octobre de chaque année se tenait une foire à Poussay, appartenant en tous droits de juridiction au chapitre, qui la faisait tenir par ses officiers ; les marchands qui exposaient en vente devaient 5 sols toullois ; les courtiers qui exposaient des bestiaux devaient 12 deniers toullois. Les dames avaient le droit de permettre la danse et de faire dresser un jeu de quilles le jour de la foire et autres jours ; elles percevaient 6 livres tournois toutes les fois qu'elles accordaient cette permission.

Les cordonniers de Mirecourt avec ceux de Poussay avaient le droit de visiter les cuirs et souliers qui étaient exposés sur la foire, après en avoir obtenu la permission du chapitre ; le droit du denier de saint Crépin était partagé entre lesdits cordonniers, ceux de Mirecourt pour les deux tiers et ceux de Poussay pour l'autre.

Les dames avaient la collation de la cure de Poussay, érigée sous l'invocation de saint Maurice et saint André.

Il était dû pour chaque mortuaire de chef de famille 30 gros, dont 6 gros 12 deniers pour le chapitre et le reste pour l'église paroissiale ; les deux tiers des offrandes qui se recueillaient dans l'église paroissiale appartenaient au chapitre, et l'autre tiers au curé.

Chaque tavernier ou vendant vin devait 10 fr. à la Saint-Martin de chaque année ; ceux qui vendaient seulement le jour de la foire devaient payer, le lendemain, 8 francs.

Le jour de la fête de saint Marc, les dames assistaient, si bon leur semblait, à la procession, et, à leur retour, le curé devait leur offrir une tarte.

Les habitants de Poussay devaient, au 1er janvier de chaque année, pour étrennes, à l'abbesse, un couvre-chef évalué à un écu d'or.

Chaque manant devait une journée de bêche tous les ans dans la vigne de l'abbesse.

Le sacristain, le portier et le jardinier du chapitre étaient exempts de toutes subventions et impositions, en vertu d'un arrêt de la Chambre, du 25 janvier 1715.

Dans ce compte, au chapitre des dépenses, on trouve : 6 livres le jeudi saint pour la cène, 6 sous pour laver les autels et 25 fr. pour les dragées distribuées au chapitre ; 50 livres à l'adjudant du régiment des chevau-légers, en quartier à Mirecourt, pour 59 hommes employés à porter les neiges du cloître ; 55 livres 5 gros 5 deniers pour l'intérêt d'un capital de 1,240 livres dû à Mme de Fussey, laquelle somme avait été employée à la construction d'une nouvelle sacristie ; 1,455 livres 6 gros 1 denier au receveur du clergé à Toul pour le don gratuit ; 106 livres à M. Rellot, comme avocat du chapitre ; 800 livres au receveur pour sa pension.

Dîmes. — Les grosses et menues dîmes de Poussay appartenaient au chapitre dans toute l'étendue du finage, à la réserve de certains héritages, appelés les Champs-Saint-Pierre, situés sous la chapelle de Sainte-Menne, finage de Poussay et de Puzieux, lesquels appartenaient au chapitre de Remiremont.

La fin d'un autre compte rendu par le même prévôt, en 1789, établit qu'il n'a pu se procurer le paiement des rentes dues par les baillistes emphitéotiques ; la misère était si grande, qu'il y aurait eu de l'inhumanité à diriger des poursuites contre des malheureux qui manquaient même de pain ; ils promirent néanmoins de payer sur la vendange de 1790, mais la grêle qui survint détruisit leur espoir, puisque les récoltes furent nulles, et le cha-

pitre les tint quittes de leurs redevances ; ce fait méritait
d'être rapporté.

Trésor du chapitre. — L'ancien trésor du chapitre
contenait :

Le calice du pape saint Léon, en or garni de pierre-
ries, sur lequel était gravé le nom de Berenna, première
abbesse du chapitre.

Le voile de sainte Menne.

La chape de saint Léon, en soie violette, brodée sur or.

La bulle en original de la fondation du chapitre.

Le livre des évangiles qui servait à saint Léon.

Ce livre se trouve aujourd'hui à la bibliothèque nationale, section des manuscrits, n° 10514[1]. « Il est sur peau
de vélin, format in–4°, d'une admirable conservation, et
contient 133 feuillets sur lesquels sont écrits les évangiles
pour les dimanches et les fêtes de l'année. La première
lettre de chacune est peinte et ornée d'or et d'argent ;
quelques-unes de ces lettres sont peintes sur un fond car-
min et occupent une page entière ; enfin, sur treize pages
sont de grandes miniatures en or et en couleur, représentant les quatre évangélistes, la Nativité, l'Adoration
des Mages, la Passion, le lavement des pieds, la visite
des saintes femmes au Sépulcre, l'Ascension, la Pente-

---

1. Ce précieux manuscrit, qui passe pour un des plus beaux de la
bibliothèque nationale, a été *acheté*, vers 1842, par l'Etat, à la ville
de Mirecourt, pour la somme de de 3,000 francs. Ce prix dérisoire
n'a été à peu près payé qu'à moitié par l'envoi de livres provenant
des dépôts du ministère. Le surplus, malgré les réclamations inces-
santes de la ville, est encore dû. J'emprunte la description de ce
volume, qui mériterait une monographie particulière, à un rapport
présenté, en 1862, au conseil municipal de Mirecourt, par l'honorable
secrétaire de notre Société d'Archéologie lorraine, M. Charles La-
prevote.

côte : sur les deux premières se voit l'auteur entre deux anges et offrant son livre à Jésus-Christ assis, la main droite étendue vers lui. Ce volume est dans sa première et ancienne reliure en bois, dont un des côtés est divisé en compartiments séparés par des perles, des rubis et d'autres pierres, dont quelques-unes subsistent encore : quatre de ces compartiments sont occupés par des figures en or fin repoussé et représentant saint Pierre, saint André, sainte Menne et un personnage assis ; celui du milieu est rempli par une assez belle sculpture en ivoire : la vierge Marie tenant sur son bras l'enfant Jésus. L'autre côté de la reliure est entièrement recouvert d'une plaque d'argent, sur laquelle est gravée au trait l'image de Jésus tenant une croix de la main droite et ayant un dragon sous chaque pied. »

Toutes ces reliques, gardées si longtemps par les dames de Poussay, tous ces souvenirs d'un autre âge si pieusement conservés, furent anéantis ou dispersés en 1793. Les titres furent brûlés ou vendus, les monuments bouleversés de fond en comble, et là où s'étalaient, au milieu de jardins somptueux, les demeures des chanoinesses, l'œil attristé ne distingue plus que quelques maisons canoniales, tristes épaves de la tourmente révolutionnaire !

PIÈCES JUSTIFICATIVES.

I.

FONDATIONS PIEUSES FAITES PAR DES DAMES DU CHAPITRE.

Compte 26ᵉ rendu par François-Gabriel de Vernet, chanoine et prévôt du chapitre de Poussay, à l'abbesse et aux dames du chapitre.

Recettes des fondations.

Geneviève Duplessis, chanoinesse du chapitre, a fondé une messe basse tous les samedis.

Anne Perette de Damas, abbesse, une messe haute du Saint-Sacrement tous les premiers jeudis de chaque mois[1].

Anne-Claude de Jouffroy de Novillard, abbesse, par son testament du 15 mai 1747, donne 1,000 livres pour augmentation de la fondation faite par Catherine-Thérèse des Fours, doyenne en 1692, d'une messe solennelle du Saint-Sacrement, tous les seconds jeudis de chaque mois.

Thérèse de Jouffroy, doyenne, par contrat du 25 mai 1755, donne 600 livres pour augmentation de la même fondation.

Thérèse-Eléonore de Chauvirey et Suzanne de Chauvirey, sa sœur, chanoinesses, donnent, par contrat du 19 avril 1715, 1,800 francs barrois pour augmentation de la fondation faite par Elisabeth de Chauvirey, vivant doyenne, d'une messe basse à la Vierge sur l'autel de Notre-Dame-de-Pitié, érigé en la nef de l'église du chapitre, tous les vendredis, et pour la procession des Roga-

---

1. Au décès de cette abbesse (12 mars 1690), le chapitre n'avait pas encore remboursé ce qui avait été versé à la cour de Rome à l'occasion de la bulle qui ratifiait son élection.

Les héritiers d'une dame de Varin intentèrent contre le chapitre, en sa qualité de légataire universel de Mme de Damas, une action en paiement de 21 pistoles d'Espagne et de 50 sols que l'auteur desdits héritiers avait avancés à cette occasion ; et, pour assurer le remboursement de cette somme, les héritiers de Varin avaient interposé une saisie-arrêt entre les mains du marquis de Ciraille, seigneur de Lignéville, débiteur de la succession de Damas.

Par sentence du 22 septembre 1699, ce bailliage prononça contre le chapitre la condamnation demandée, et valida en même temps la saisie-arrêt.

(Note communiquée par M. le président Bastien.)

tions qui se faisait à l'ermitage de Sainte-Menne, et 10 francs, dont 2 francs doivent être donnés au curé de Poussay, lequel était obligé d'aller recevoir ladite procession à l'entrée de son finange, 1 franc à chacun des deux hommes qui avaient porté les reliques de sainte Menne.

Marie-Antoinette de Rozières de Soran, chanoinesse, tant de son chef que comme héritière d'Ignace-Bonaventure de Rozières de Soran, sa sœur, aussi chanoinesse, fonde deux messes basses à célébrer le jour de leur décès.

Thérèse de Chauvirey, abbesse, en considération de l'attachement que Mme de Saint-Blin de Vaudremont, sa nièce de prébende, avait eu pour elle, et de la succession de ses biens meubles dont, suivant l'usage du chapitre, elle avait hérité, et voulant lui en témoigner sa reconnaissance, fonde une messe haute de *Requiem* et le *De profundis* à la fin, le 15 mars, jour du décès de ladite de Saint-Blin.

(**Archives du département des Vosges, C.** 159.)

II.

LISTE DES ABBESSES DE POUSSAY.

1. *Berenna*, dénommée dans la bulle de Léon IX, de l'an 1049 : son nom se lit sur le calice d'or de l'église.

2. Béatrix, dénommée dans une bulle de Lucius III, en date de l'an 1185.

3. Berthe en 1206-1219.

4. Aude en 1261.

5. Jeanne, dite Sybille, en 1308.

6. Jeanne de Beaufremont vivait en 1341-1344.

7. Jeannette de Mandre, morte en M C D, apparem-

ment 1400, le 5e jour d'avril ; sa tombe est à la droite du grand autel.

8. Isabelle de Mirecourt vivait en 1413 ; sa tombe est dans le sanctuaire.

9. On y voit aussi celle de Marie de Germiny, mais la date de sa mort est cachée sous le marche-pied de l'autel.

10. Yolande de Germiny, élue abbesse en 1455 ; le 8e des ides de septembre 1525, elle fit démission de son abbaye en faveur de Claude de Lignéville, avec rétention des fruits ; elle mourut en 1527, le 25 d'août.

11. Claude de Lignéville, fille de Claude de Lignéville, bailli de Vosge, et de Marguerite Wisse de Gerbéviller, mourut le 6 de mars 1529.

12. Philippe de Lignéville, fille de Jean de Lignéville et de Jeanne d'Oiselet ; elle fit son testament le 20 septembre et mourut le 24 du même mois de l'année 1538.

13. Anne de Barbay, fille de Guyot de Barbay et d'Anne de Frenelle, fut élue le 24 de septembre 1538, et mourut le 19 décembre 1576. Elle avait eu pour coadjutrice :

14. *Claude d'Anglure*, qui entra en possession le 19 décembre 1579. Elle entreprit de réformer son abbaye en 1578, ainsi qu'on l'a vu plus haut.

15. *Françoise du Châtelet*, qui fut confirmée par le cardinal de Vaudémont, évêque de Toul, et maintenue par le duc Charles III. Mais Edmonde d'Amoncourt ayant attaqué à Rome Françoise du Châtelet, celle-ci mourut pendant le cours de la procédure, le 27 septembre 1586, deux mois et demi après son élection, ainsi

16. *Edmonde d'Amoncourt* jouit paisiblement de

l'abbaye et se donna pour coadjutrice, le 15 d'août 1623, Catherine Damas. Elle mourut le 7 de novembre 1625.

17. *Catherine Damas* mourut en octobre 1638.

18. *Anne-Perette Damas*, élue le 29 octobre 1638, n'obtint des bulles que le 12 des calendes de septembre 1648, se fit bénir en 1679 et mourut le 12 de mars 1690. Elle avait eu pour coadjutrice, en 1665, Marie-Claire de Luxembourg, princesse de Tingry. Celle-ci mourut avant sa coadjutrice, le 18 mars 1686.

19. *Angélique-Cunégonde de Montmorency*, fille de Charles-Henri de Clermont-Tonnerre et de Marguerite-Charlotte de Luxembourg, succéda à Anne Damas, mais elle quitta l'abbaye, en 1694, pour épouser, le 7 d'octobre, Louis-Henri, légitimé de Bourbon, prince de Neuchâtel.

20. *Marie-Elisabeth de Grammont* fut élue le 6 janvier 1695. Les bulles sont du 9 de novembre de la même année. Elle est fille de Philibert, comte de Grammont, vicomte d'Aster, commandeur des ordres du roi, et d'Elisabeth d'Hamilton d'Albercorne.

Après cette énumération, Dom Calmet écrit : abbesses dont on ignore la date.

Voici le complément de cette liste et les noms des abbesses que j'ai pu trouver dans mes archives.

Série inédite :

Marie-Elisabeth de Grammont, 1695-1729.

21. *Charlotte de Beauvau-Craon*, 1729-1734.

22. *Thérèse-Eléonore de Chauvirey*, 1735-1743. — Son élection est du 27 janvier 1735.

23. *Anne-Claude de Jouffroy de Novillard*, 1743-1748.

24. *Marie-Louise de Beauvau-Bassompierre,* 1748-1787.

25. *Anne-Catherine-Honorée de Choiseul,* 1787-1789.

COMPOSITION DU CHAPITRE EN 1789.

Abbesse :

Mme la comtesse Anne-Catherine-Honorée de Choiseul.

Dignitaires :

Mme la comtesse Lucie de Vualsh, doyenne.

Mme la comtesse Thérèse-Claudine-Gabrielle de Fussey de Melay, secrète.

Chanoinesses :

Mme la comtesse Gabrielle-Henriette-Eulalie de Ficquelmont.

Mme la comtesse Françoise-Joseph de Lavaulx.

Mme la comtesse Anne-Gabrielle de Mitry.

Mme la comtesse Thérèse-Joseph de Lavaulx de Sommerécourt.

Mme la comtesse Jeanne-Charlotte de Mitry de Francquemont.

Mme la comtesse Isabelle de Ligniville.

Mme la comtesse Henriette-Adélaïde de Sommyèvre.

Mme la comtesse Adélaïde-Louise-Philippine de Pouilly.

Mme la comtesse Eugénie-Romaine de Lur-Saluces.

Mme la comtesse Anne-Félicité-Pierrette de Lur.

Mme la comtesse Marie-Charlotte-Adélaïde de Ficquelmont de Parroye.

Mme la comtesse Louise-Joseph de Lavaulx de Pompierre.

Mme la comtesse Diane-Eugénie de Mitry.

Chanoines :

M. François-Gabriel de Vernet.

M. Claude Lanvers.

M. Michel Poirot.

M. Sébastien Gérardin.

Sacristain-prêtre,

M. Charles-Grégoire Chapelain.

Sous-sacristain,

Jean Siret.

Organiste,

Le sieur Balthazard Treisler.

Officiers du chapitre :

M. François-Gabriel de Vernet, prévôt-receveur.

M. Rellot, avocat au parlement, juge.

M. Thirion, avocat au parlement, notaire et procureur d'office.

Conseil du chapitre :

M. Régnier, etc.

Nancy, imp. G. Crépin-Leblond, Grande-Rue (V.-V.), 14.